反分裂国家法

中国法制出版社

反分裂国家法

FAN FENLIE GUOJIAFA

经销/新华书店

印刷/保定市中画美凯印刷有限公司

开本/850 毫米×1168 毫米 32 开 印张/0.5 字数/7.8 千

版次/2019 年 4 月第 1 版 2025 年 4 月第 6 次印刷

中国法制出版社出版

书号 ISBN 978-7-5216-0154-1 定价：5.00 元

北京市西城区西便门西里甲 16 号西便门办公区

邮政编码：100053 传真：010-63141600

网址：http：//www.zgfzs.com 编辑部电话：010-63141673

市场营销部电话：010-63141612 印务部电话：010-63141606

（如有印装质量问题，请与本社印务部联系。）

目　　录

中华人民共和国主席令

第三十四号

《反分裂国家法》已由中华人民共和国第十届全国人民代表大会第三次会议于 2005 年 3 月 14 日通过，现予公布，自公布之日起施行。

中华人民共和国主席　胡锦涛

2005 年 3 月 14 日

反分裂国家法

（2005 年 3 月 14 日第十届全国人民代表大会第三次会议通过）

第一条 为了反对和遏制“台独”分裂势力分裂国家，促进祖国和平统一，维护台湾海峡地区和平稳定，维护国家主权和领土完整，维护中华民族的根本利益，根据宪法，制定本法。

第二条 世界上只有一个中国，大陆和台湾同属一个中国，中国的主权和领土完整不容分割。维护国家主权和领土完整是包括台湾同胞在内的全中国人民的共同义务。

台湾是中国的一部分。国家绝不允许“台独”分裂势力以任何名义、任何方式把台湾从中国分裂出去。

第三条 台湾问题是中国内战的遗留问题。

解决台湾问题，实现祖国统一，是中国的内部事务，不受任何外国势力的干涉。

第四条 完成统一祖国的大业是包括台湾同胞在内的全中国人民的神圣职责。

第五条 坚持一个中国原则，是实现祖国和平统一的基础。

以和平方式实现祖国统一，最符合台湾海峡两岸同胞的根本利益。国家以最大的诚意，尽最大的努力，实现和平统一。

国家和平统一后，台湾可以实行不同于大陆的制度，高度自治。

第六条 国家采取下列措施，维护台湾海峡地区和平稳定，发展两岸关系：

（一）鼓励和推动两岸人员往来，增进了解，增强互信；

（二）鼓励和推动两岸经济交流与合作，直接通邮通航通商，密切两岸经济关系，互利互惠；

（三）鼓励和推动两岸教育、科技、文化、卫生、体育交流，共同弘扬中华文化的优秀传统；

（四）鼓励和推动两岸共同打击犯罪；

（五）鼓励和推动有利于维护台湾海峡地区和平稳定、发展两岸关系的其他活动。

国家依法保护台湾同胞的权利和利益。

第七条 国家主张通过台湾海峡两岸平等的协商和谈判，实现和平统一。协商和谈判可以有步骤、分阶段进行，方式可以灵活多样。

台湾海峡两岸可以就下列事项进行协商和谈判：

（一）正式结束两岸敌对状态；

（二）发展两岸关系的规划；

（三）和平统一的步骤和安排；

（四）台湾当局的政治地位；

（五）台湾地区在国际上与其地位相适应的活动空间；

（六）与实现和平统一有关的其他任何问题。

第八条 “台独”分裂势力以任何名义、任何方式造成台湾从中国分裂出去的事实，或者发生将会导致台湾从中国分裂出去的重大事变，或者和平统一的可能性完全丧失，国家得采取非和平方式及其他必要措施，捍卫国家主权和领土完整。

依照前款规定采取非和平方式及其他必要措施，由国务院、中央军事委员会决定和组织实施，并及时向全国人民代表大会常务委员会报告。

第九条 依照本法规定采取非和平方式及其他必要措施并组织实施时，国家尽最大可能保护台湾平民和在台湾的外国人的生命财产安全和其他正当权益，减少损失；同时，国家依法保护台湾同胞在中国其他地区的权利和利益。

第十条 本法自公布之日起施行。

关于《反分裂国家法（草案）》的说明

——2005年3月8日在第十届全国人民代表大会第三次会议上

全国人民代表大会常务委员会副委员长　王兆国

各位代表：

我受全国人大常委会委托，作关于《反分裂国家法（草案）》的说明。

一、制定本法的必要性和可行性

解决台湾问题，完成祖国统一大业，是我们党和国家的三大历史任务之一。长期以来，为了发展台湾海峡两岸关系，促进国家和平统一，我们进行了不懈的努力。但是，近一个时期以来，台湾当局加紧推行“台独”分裂活动。在各种不断升级的“台独”分裂活动中，应引起高度警惕的是，台湾当局妄图利用所谓“宪法”和“法律”形式，通过“公民投票”、“宪政改造”等方式，为实现“台独”分裂势力分裂国家的目标提供所谓“法律”支撑，改变大陆和台湾同属一个中国的事实，把台湾从中国分裂出去。事实表明，“台独”分裂势力分裂国家的活动，严重破坏和平统一的前景，严重威胁台海地区乃至亚太地区的和平稳定，严重威胁中国的主权和领土完整，严重损害中华民族的根本利益。因此，制定《反分裂国家法》是必要的、适时的。

近几年来，广大干部群众、社会各界人士和海外侨胞要求以法律手段反对和遏制“台独”分裂势力分裂国家的活动、实现祖国统一的呼声越来越高，全国人大代表提出了不少对台立法的议案和建议，全国政协委员也提出了不少对台立法的提案，表明制定本法是符合人民意愿的。现在制定本法的条件已经具备。宪法明确规定："台湾是中华人民共和国的神圣领土的一部分。完成统一祖国的大业是包括台湾同胞在内的全中国人民的神圣职责。"这是制定本法的宪法依据。三代中央领导集体特别是邓小平同志、江泽民同志有关解决台湾问题的思想，中央一系列对台方针政策，为制定本法提供了明确的指导思想和政策依据。法学专家和对台事务专家进行的有关研究及取得的成果，也为制定本法创造了一定的条件。

二、起草本法的原则和草案的形成

制定本法总的原则是：以邓小平理论和"三个代表"重要思想为指导，以宪法为依据，贯彻中央对台工作的大政方针，紧紧围绕反对和遏制"台独"分裂势力分裂国家的活动、促进祖国和平统一这个主题，充分体现我以最大的诚意、尽最大的努力争取和平统一的一贯主张，同时表明全中国人民维护国家主权和领土完整，绝不允许"台独"分裂势力以任何名义、任何方式把台湾从中国分裂出去的共同意志和坚定决心。

制定本法，必须依据上述原则，充分听取各方面的意见，严格遵循法定程序。为了把这部法律制定好，起草本法的工作班子认真研究了近几年来全国人大代表、全国政协委员、社会各界人士和海外侨胞关于对台立法的意见和建议，吴邦国委员长又先后主持召开四个座谈会，分别听取了部分省（市）负责同志、法学专家和对台事务专家、中央有关部门负责同志以及部分台港澳同胞和海外侨胞的意见。经对各方面的意见进行汇总研究，草拟了《反分裂国家法（草案）》（征求意见稿）。胡锦涛总书记主持召开各民主党派中央和全国工商联的负责人及无党派人士座谈会，吴邦国委员长召开法学专家和对台事务专家座谈会，听取了对草案征求意见稿的意见。在此基础上，经对草案征求意见稿进一步修改，形成了《反分裂国家法（草案）》。十届全国人大常委会第十三次会议认真审议了该草案，出席会议的常委会组成人员全票通过了《反分裂国家法（草案）》的议案，并决定提请本次大会审议。

三、草案的主要内容

（一）关于本法的立法宗旨和适用范围

从当前台海两岸关系形势及其发展趋势看，对“台独”分裂势力分裂国家的活动必须予以坚决反对和遏制，否则，威胁台海地区和平稳定的根源就难以消除，两岸共同发展、共同繁荣的历史机遇就会遭到破坏，台湾同胞的利益和福祉就会被断送，中华民族的根本利益就会受损害。因此，草案开宗明义地规定，为了反对和遏制“台独”分裂势力分裂国家，促进祖国和平统一，维护台湾海峡地区和平稳定，维护国家主权和领土完整，维护中华民族的根本利益，根据宪法，制定本法。这样规定，既明确了本法的立法宗旨，又明确了本法的适用范围。

（二）关于台湾问题的性质

明确台湾问题的性质，是解决台湾问题的基点。

党的十六大明确提出：“世界上只有一个中国，大陆和台湾同属一个中国，中国的主权和领土完整不容分割。”这是我对台工作的原则立场，受到全中国人民的拥护。台湾问题是上个世纪四十年代后期中国内战遗留的问题。由于种种复杂的因素，两岸迄今尚未统一，但台湾是中国一部分的地位、大陆和台湾同属一个中国的事实并未改变。解决台湾问题，完成祖国统一大业，完全是中国的内政，关系包括台湾同胞在内的全中国人民的根本利益。据此，草案作了以下规定：

1. 体现党的十六大有关精神并明确规定，维护国家主权和领土完整是包括台湾同胞在内的全中国人民的共同义务。台湾是中国的一部分，国家绝不允许“台独”分裂势力以任何名义、任何方式把台湾从中国分裂出去。

2. 台湾问题是中国内战的遗留问题。解决台湾问题，实现国家完全统一，是中国的内部事务。在这个问题上，我们不受任何外国势力的干涉。

3. 完成统一祖国的大业是包括台湾同胞在内的全中国人民的神圣职责。

（三）关于以和平方式实现国家统一

坚持一个中国原则，是解决台湾问题不可动摇的基础。以一个中国为原则，体现的是大陆和台湾同属一个中国的事实，追求的是和平统一目标。“和平统一、一国两制”是我解决台湾问题的基本方针。以和平方式实现国家统一，有利于台海两岸同胞的感情融合，有利于台海地区乃至亚太地区的和平稳定，有利于实现中华民族的伟大复兴，最符合包括台湾同胞在内的全中国人民的根本利益。“一国两制”的构想，既体现了实现祖国统一、维护国家主权和领土完整的原则性，又充分考虑了台湾的历史和现实，体现了高度的灵活性。因此，草案规定，坚持一个中国原则，是实现国家和平统一的基础。以和平方式实现国家统一，最符合台湾海峡两岸同胞的根本利益。国家以最大的诚意，尽最大的努力，实现和平统一。国家和平统一后，台湾可以实行不同于大陆的制度，高度自治。

维护台海地区和平稳定，促进两岸共同发展、共同繁荣，是两岸同胞的共同愿望，符合两岸同胞的共同利益。为此，草案规定，国家采取下列措施，维护台湾海峡地区和平稳定，发展两岸关系：（一）鼓励和推动两岸居民往来，增进了解，增强互信；（二）鼓励和推动两岸经济交流与合作，直接通邮通航通商，密切两岸经济关系，互利互惠；（三）鼓励和推动两岸教育、科技、文化、卫生、体育交流，共同弘扬中华文化的优秀传统；（四）

鼓励和推动两岸共同打击犯罪；（五）鼓励和推动有利于维护台湾海峡地区和平稳定、发展两岸关系的其他活动。国家依法保护台湾同胞的权利和利益。

实现国家和平统一，需要推动台海两岸协商和谈判，并为协商和谈判提供广阔的空间。在坚持一个中国原则的基础上，什么问题都可以谈。草案明确规定：一是，国家主张通过台湾海峡两岸平等的协商和谈判，实现和平统一。协商和谈判可以有步骤、分阶段进行，方式可以灵活多样；二是，台湾海峡两岸可以就正式结束两岸敌对状态、发展两岸关系的规划、和平统一的步骤和安排、台湾当局的政治地位、台湾地区在国际上与其地位相适应的活动空间以及与实现和平统一有关的其他任何问题，进行协商和谈判。

(四) 关于以非和平方式制止“台独”分裂势力分裂国家

我们一贯主张以和平方式实现国家统一。两岸同胞都是中国人，台湾同胞是我们的手足兄弟，没有人比我们更希望通过和平方式实现国家统一。和平统一即使只有一线希望，我们也要尽最大的努力争取而绝不会放弃。同时，必须明确，维护国家主权和领土完整，是我们国家、民族的核心利益，是包括台湾同胞在内的全中国人民的共同义务。我们从来没有承诺过放弃使用武力。任何主权国家都不会容忍分裂国家的行为，都有权采取必要的方式捍卫国家主权和领土完整。

采取非和平方式制止分裂国家、捍卫国家主权和领土完整，是我们在和平统一的努力完全无效的情况下，不得已作出的最后选择。草案规定，“台独”分裂势力以任何名义、任何方式造成台湾从中国分裂出去的事实，或者发生将会导致台湾从中国分裂出去的重大事变，或者和平统一的条件完全丧失，国家得采取非和平方式及其他必要措施，捍卫国家主权和领土完整。草案同时规定，采取非和平方式及其他必要措施，本法授权国务院、中央军委决定、组织实施，并及时向全国人大常委会报告。

这里需要强调，如果“台独”分裂势力一意孤行，迫使我们不得不作出最后选择，采取非和平方式及其他必要措施，完全是针对“台独”分裂势力的，决不是针对台湾同胞的。草案明确规定，依照本法规定采取非和平方式及其他必要措施并组织实施时，国家尽最大可能保护台湾平民和在台湾的外国人的生命财产安全和其他正当权益，减少损失；同时，国家依法保护台湾同胞在中国其他地区的权利和利益。

《反分裂国家法（草案）》和以上说明，请审议。

第十届全国人民代表大会法律委员会关于《反分裂国家法（草案）》审议结果的报告

（2005 年 3 月 10 日第十届全国人民代表大会第三次会议主席团第三次会议通过）

全国人民代表大会法律委员会主任委员　杨景宇

第十届全国人民代表大会第三次会议主席团：

3 月 8 日，各代表团召开全团会议、分组会议，结合学习中共中央总书记、国家主席、中央军委主席胡锦涛同志 3 月 4 日重要讲话，审议了《反分裂国家法（草案）》。代表们一致拥护胡锦涛同志的讲话，认为讲话就新形势下发展两岸关系提出的四点意见，对于制定好、贯彻好反分裂国家法具有重要意义。普遍表示：解决台湾问题，完成统一祖国的大业，是宪法赋予包括台湾同胞在内的全中国人民的神圣职责。长期以来，我们为此作了不懈努力。但是，一个时期以来，“台独”分裂势力加紧推行分裂国家的活动，日益成为两岸关系发展的最大障碍，成为对台海地区和平稳定的最大现实威胁。为了反对和遏制“台独”分裂势力分裂国家，促进祖国和平统一，维护台海地区和平稳定，维护国家主权和领土完整，维护中华民族的根本利益，制定反分裂国家法是十分必要的。王兆国副委员长关于《反分裂国家法（草案）》的说明，对起草这部法律的立法背景、指导原则、立法宗旨和草案的主要内容讲得很全面、很清楚。草案表明了我们坚持和平统一的一贯立场和最大诚意，同时体现了全中国人民坚决反对“台独”、捍卫国家主权和领土完整的共同意志和坚定决心，建议提请本次会议表决通过。同时，有些代表对草案提出了一些修改意见。法律委员会于3月9日召开会议，对各代表团的审议意见和十届全国人大常委会第十三次会议的审议意见逐一进行了研究，对草案逐条进行了审议。法律委员会认为，总的来看，草案已经成熟，是可行的；同时，提出以下修改意见：

一、有的代表提出，草案的说明中明确讲到，党的十六大关于“世界上只有一个中国，大陆和台湾同属一个中国，中国的主权和领土完整不容分割”的论断，表明了我们对台工作的原则立场，受到全中国人民的拥护，建议本法对这一原则立场作集中、完整的表述。法律委员会经研究，建议根据上述意见，将草案第二条表述为：“世界上只有一个中国，大陆和台湾同属一个中国，中国的主权和领土完整不容分割。维护国家主权和领土完整是包括台湾同胞在内的全中国人民的共同义务。”“台湾是中国的一部分。国家绝不允许‘台独’分裂势力以任何名义、任何方式把台湾从中国分裂出去。”

二、草案第三条第二款规定：“解决台湾问题，实现国家完全统一，是中国的内部事务，任何外国势力不得干涉。”有的代表提出，本法作为国内法，处理中国自己的内部事务，规定“不受任何外国势力的干涉”比较恰当。法律委员会经研究，建议根据上述意见，将这一款修改为：“解决台湾问题，实现祖国统一，是中国的内部事务，不受任何外国势力的干涉。”

三、草案第六条第一款第一项规定，国家采取措施“鼓励和推动两岸居民往来，增进了解，增强互信”。有的代表建议将上述规定中的“两岸居民往来”修改为“两岸人员往来”，理由是：“人员往来”的含义比较宽，既包括个人往来，也可以包括社会团体所组织的人员往来。法律委员会经研究，建议根据上述意见，将这一项修改为，国家采取措施“鼓励和推动两岸人员往来，增进了解，增强互信”。

四、草案第八条规定了“国家得采取非和平方式及其他必要措施”的三种情势，其中第三种情势是“和平统一的条件完全丧失”。有的代表提出，作为一种“情势”，将上述规定中的“条件”修改为“可能性”，可以更好地表明，只要和平统一还有一线希望，我们就会进行百倍努力。法律委员会经研究，建议根据上述意见，将这一条中的“和平统一的条件完全丧失”修改为“和平统一的可能性完全丧失”。

五、有的代表提出，草案中有两条关于采取非和平方式的规定，第八条是实体性规定，第九条是程序性规定，将这两条并为一条，作为两款，更加简洁明了。法律委员会经研究，建议根据上述意见，将草案第八条、第九条并为一条，修改为：“‘台独’分裂势力以任何名义、任何方式造成台湾从中国分裂出去的事实，或者发生将会导致台湾从中国分裂出去的重大事变，或者和平统一的可能性完全丧失，国家得采取非和平方式及其他必要措施，捍卫国家主权和领土完整。”“依照前款规定采取非和平方式及其他必要措施，由国务院、中央军事委员会决定和组织实施，并及时向全国人民代表大会常务委员会报告。”

根据有的代表的意见，还对草案作了个别文字修改。

此外，对有些代表提出的其他意见，法律委员会经认真研究认为，这些意见涉及的有关问题在起草和征求意见过程中已经反复、慎重研究过，以不作改动为妥。

草案修改稿已按上述意见作了修改，修改后的草案共 10 条，法律委员会建议提请本次会议表决通过。

《反分裂国家法（草案）》（修改稿）和以上报告是否妥当，请审议。